LETTRE

À

LÉON GRUEL

PARIS

LÉON GRUEL

LETTRE

A

LÉON GRUEL

H. MARIUS MICHEL

LETTRE

A

LÉON GRUEL

PARIS

H. FLOURY, LIBRAIRE-ÉDITEUR

1, BOULEVARD DES CAPUCINES, 1

1896

LETTRE

A

LÉON GRUEL

———

Mon cher Confrère,

Je viens de lire avec toute l'attention qu'elle mérite la petite étude que vous venez de publier[1] sur « le style à la fin du XIXe siècle dans les arts décoratifs appliqués à la reliure des livres ». J'y ai trouvé comme je m'attendais des choses excellentes, mais aussi des affirmations contre lesquelles, en se plaçant au point de vue de la véritable reliure d'art, on ne saurait trop protester.

Si vous avez voulu dire que l'étude des

---

1. *Bulletin du Bibliophile*, février 1896.

maîtres anciens était la base même de l'éducation artistique, vous avez eu raison, et, directeur des cours de l'Association philotechnique pour la reliure, vous avez doublement bien fait de tenir aux jeunes gens ce langage, à ceux qui, voulant devenir des ouvriers complets, doivent connaître à fond les procédés techniques de toutes les époques précédentes ; mais si, vous adressant au petit nombre de ceux qui peuvent aspirer à devenir des artistes et à tous les dessinateurs industriels que vous pensez capables de fournir des modèles nouveaux de décor (et c'est ce qui semble découler de l'examen attentif de votre étude), vous croyez pouvoir affirmer que ceux-ci doivent s'inspirer des modèles des siècles passés, non, cent fois non.

S'inspirer des anciens, mais, c'est dans la pratique leur emprunter soit le canevas, soit les détails de leur ornementation, et alors c'est la compilation, la continuation de l'ère de la copie ; pis que cela, c'est la tâche un peu ridicule d'ajouter un acte au Tartufe, des chapitres à Manon Lescaut.

Je répéterai sans cesse ce que j'ai déjà eu

l'occasion de dire autre part : l'étude des modèles anciens est pour le décorateur de livres ce qu'est pour l'écrivain la connaissance de la grammaire et l'étude des classiques ; il ne faut pas que cela soit autre chose.

On ne relie plus de livres anciens, on ne doit plus s'inspirer des anciennes reliures.

Soit par état d'effervescence, de lassitude ou de réaction, chaque génération éprouve le besoin de changement, inhérent à l'espèce même de l'homme. Dans le milieu ambiant créé par cet état d'esprit, il se forme des écoles de peinture, de sculpture, de musique, des groupes littéraires, et au point de vue qui nous occupe, l'ornementation appliquée aux objets d'art, une manière de voir et de rendre les formes vues telle, que les productions d'une période prennent entre elles cet air de famille qui constitue ce que, le recul du temps acquis, on appelle style d'une époque. Les mieux doués donnent le branle, conduisent la marche, le reste suit, jusqu'à ce que cette effloraison faite et les fruits recueillis, une autre génération, une autre poussée vienne.

Il est des périodes de transition, mais toute période de transition est inférieure et plus particulièrement dans le décor des reliures, c'est aux faibles, disons le mot, aux impuissants que l'on doit ces mélanges de styles dont anciens et modernes nous ont donné tant d'exemples, tandis que chacun des forts a été à son tour révolutionnaire.

L'art, mes enfants, c'est d'être absolument soi-même[1].

Les autres n'ont été que des artisans plus ou moins habiles, mais ceux-là seuls ont été des artistes, des créateurs. Il ne faut donc pas conseiller « l'insensible transformation des types », mais rompre hardiment, brutalement la chaîne.

Pour cela, deux voies différentes : revenir à l'étude de la nature, toujours la meilleure école, mais qui n'est pas à la portée de tous, ou puiser à des sources nouvelles; c'est ainsi que l'on a procédé le plus souvent. Aux belles époques de la reliure, c'est par la transposition, ou,

1. Verlaine.

pour mieux dire, la transcription des modèles
d'un art dans un autre que les meilleurs
résultats ont été obtenus. Les belles gaufrures
sont empruntées à la sculpture sur bois ou sur
pierre, les décors des Aldes à l'ornementation
typographique, les entrelacs du xvi° à la cé-
ramique, aux décors gravés des armures, les
merveilleux décors des reliures de Henri II et
Diane aux broderies et aux ornements typo-
graphiques. Ce sont les caissons des plafonds
de la Renaissance et leur remplissage qui donnent l'idée des « Fanfares ». Par un trait de
génie, le Gascon emprunte aux broderies
Louis XIII les modèles de ses fers pointillés.
La serrurerie d'art de Louis XV va donner à
Derôme ses motifs pour la composition de ses
dentelles, et maître Dubuisson prendra part à
la fois aux cuivres des meubles et à la serrurerie. Il y a entre ces décors de reliures de
grandes différences au point de vue de la valeur
d'art, mais chez leurs auteurs une égale vo-
lonté de faire autre chose que ce qui avait été
fait.

Toutes ces applications sont faites par des

gens du métier et non par des dessinateurs; ce sont des artisans qui dessinent et non des dessinateurs qui travaillent pour des gens du métier. Faites de même, tel est le conseil que nous donnons aux jeunes.

S'adresser à des dessinateurs industriels ou à des architectes pour obtenir de nouveaux modèles, vous savez bien les insurmontables difficultés de l'entreprise. Les concours, on parle de cela pour satisfaire aux tendances du jour; mais quels sont les résultats? Ou le projet est inexécutable, ou il ne l'est que par les procédés de la dorure industrielle, par une plaque, ou bien demande un certain nombre de fers qui, *pris isolément*, ne représentent pas un motif susceptible d'une utilisation autre. Tout cela n'est donc possible que pour la reliure industrielle ou la reliure commerciale.

Il n'y a eu qu'une exception, l'architecte Rossigneux. Mieux que personne, vous savez le pourquoi de sa réussite dans le décor des reliures d'art. Il était en quelque sorte attaché à la maison de votre père. Instruit, lettré, ayant déjà beaucoup vu, quoique jeune, possédant un

crayon merveilleux, il passait de longues heures
appuyé à la table où travaillait mon père, et
comme une camaraderie parfaite les unissait,
à une observation qu'un motif, une forme était
inexécutable, il changeait, changeait encore et
voyant exécuter sous ses yeux, est arrivé à pos-
séder parfaitement la technique de l'art du do-
reur sur cuirs.

Vous dites que les rares modèles présentés
au concours de l'Union centrale en 1893 qui
auraient été d'une exécution possible n'ont
pas reçu de récompenses; ils n'avaient pas à
en recevoir; ils ont été éliminés, c'étaient des
pastiches, des copies. On demandait des idées,
et le jury, dont j'ai eu l'honneur de faire partie,
a préféré récompenser des idées, alors même
qu'elles étaient exubérantes et s'écartaient du
programme. Il est un autre point sur lequel je
veux aussi vous répondre : le japonisme est
prodigué, dites-vous, sous toutes les formes.
Doucement, doucement; si la copie servile, si
la reproduction de symboles, d'emblèmes pu-
rement nationaux de ce peuple artiste sont dé-
placés et incompréhensibles dans notre pays,

il ne s'ensuit pas que nous n'en ayons rien appris. La connaissance de l'art des Japonais a grossi notre bagage, refait notre œil à des délicatesses de nuances dont il était déshabitué, et au moment même où nous avions des tendances à retourner à l'étude directe de la nature, nous a montré tout ce qu'eux-mêmes lui devaient !

De tout temps, on a subi des influences extérieures que vous semblez tant déplorer. Chaque fois qu'une découverte de trésors anciens, une importation d'objets d'art jusque-là inconnus se sont produites, elles ont excité dans notre pays la curiosité et l'étude des artistes. Sans remonter bien loin, de la découverte de Pompéi est sorti le style Louis XVI, si français, si charmant. Notre sol de Gaule a absorbé successivement toutes les invasions humaines pour cette fonte magnifique qui a formé la nation française ; il en a été et en sera de même en art, nous ne mourrons pas de japonisme. Quel pessimisme ! Vous trouvez que le « goût tend à se perdre » ; que « les écoles et les artistes sont mal dirigés » ; elles n'ont jamais été plus

florissantes, et notre art a-t-il été plus adulé,
plus choyé à aucune autre époque? Tous les
arts, toutes les littératures ont eu leurs excen-
triques, les tireurs de pétards pour amasser les
badauds; qu'importe! Les sources nouvelles où
l'on a puisé vont être canalisées et conduites au
fleuve. Comme toujours, on reconnaît bien
pendant quelques lieues encore après le con-
fluent les nuances différentes des eaux qui
trahissent ainsi leurs diverses origines, mais
encore un peu de chemin parcouru et tout cela
sera amalgamé pour une superbe coulée com-
mune. Vous avez trop travaillé, trop vu, vous
avez trop d'expérience, mon cher confrère,
pour aller grossir le nombre de ceux qui vont
par la ville une lanterne éteinte à la main à la
recherche des hommes qui doivent trouver le
style de l'art décoratif à la fin du XIXe siècle;
mais il saute aux yeux; ne gémissez pas à son
attente. L'idée décorative moderne a crevé
comme une grenade mure, et ses fruits sont
partout répandus.

La bonne phalange a perdu Galland et Jo-
seph Cheret; mais que les contempteurs de l'état

actuel de l'art décoratif s'arrêtent, ils pourront encore au détour des avenues qui mènent aux deux Salons de 1896 saluer au passage Gallé ou Thesmar, Duez ou Baffier, Chaplet ou Delaherche et tant d'autres !

La plupart de ces maîtres déjà comme nous grisonnent ; ils auront été semeurs de bonne graine ; aussi, parmi leurs jeunes confrères comme parmi les nôtres, que d'ardeur dépensée, que d'espérances à concevoir et quelle moisson d'art pour les dernières années de ce siècle !

Croyez-moi toujours bien vôtre.

Mars 1896.

IMPRIMÉ

PAR

CHAMEROT ET RENOUARD

19, rue des Saints-Pères, 19

PARIS